LE
CHAUFFAGE DES TORPILLEURS

AU MOYEN

DES HYDROCARBURES LIQUIDES

PAR

JULES D'ALLEST

INGÉNIEUR EN CHEF DE LA COMPAGNIE FRAISSINET, A MARSEILLE

PARIS

PUBLICATIONS DU JOURNAL *LE GÉNIE CIVIL*

6, RUE DE LA CHAUSSÉE-D'ANTIN, 6

1887

LE GÉNIE CIVIL

REVUE GÉNÉRALE HEBDOMADAIRE DES INDUSTRIES FRANÇAISES ET ÉTRANGÈRES

Paraissant tous les Samedis

COMITÉ SUPÉRIEUR DE RÉDACTION

PRIX DE L'ABONNEMENT PAR AN :

PARIS : **36** francs ; DÉPARTEMENTS : **38** francs. — ÉTRANGER *(union postale)* : **40** francs.

Autres pays, le port en sus.

Trois mois : Paris **10** francs ; DÉPARTEMENTS ET ÉTRANGER *(union postale)* **12** francs.

LE
CHAUFFAGE DES TORPILLEURS

AU MOYEN

DES HYDROCARBURES LIQUIDES

PAR

JULES D'ALLEST

INGÉNIEUR EN CHEF DE LA COMPAGNIE FRAISSINET, A MARSEILLE

———•◦◦◦•———

PARIS

PUBLICATIONS DU JOURNAL *LE GENIE CIVIL*

6, RUE DE LA CHAUSSÉE-D'ANTIN, 6

1887

LE

CHAUFFAGE DES TORPILLEURS

AU MOYEN

DES HYDROCARBURES LIQUIDES

——◆——

Nous avons déjà publié dans *le Génie Civil*, une étude sur le chauffage des chaudières au moyen du naphte et de ses résidus, et nous avons décrit les appareils que nous avions imaginés dans ce but et les expériences auxquelles ils avaient donné lieu.

L'administration de la marine, après avoir essayé nos pulvérisateurs sur la chaudière d'un torpilleur, *la Chevrette*, à Cherbourg, concurremment avec d'autres appareils analogues, a bien voulu nous demander, il y a quelques mois, d'étudier un appareil définitif pour torpilleur; c'est pour répondre à cette demande que nous avons repris la question, en nous plaçant cependant sur un nouveau terrain, celui du tirage forcé, qui s'impose à bord d'un bâtiment où il faut, à tout prix, diminuer le poids de l'appareil évaporatoire pour gagner de la vitesse.

Description des appareils. — L'appareil auquel, dans nos précédentes expériences, nous nous étions arrêtés pour le chauffage des chaudières avec tirage naturel, se compose d'une boîte conique en bronze A (fig. 1 et 2), dans laquelle le naphte ou hydrocarbure liquide arrive par une tubulure B; la sortie de cette boîte est obstruée par une aiguille C qui, manœuvrée au moyen d'un petit volant, laisse, entre elle et les parois du cône, une ouverture annulaire dont la largeur peut varier de 0 à 2 millimètres; c'est par cette ouverture que le naphte s'écoule dans le foyer sous forme de nappe cylindrique. La vapeur, qui arrive par la tubulure F, enveloppe la boîte A, dont elle échauffe le contenu, et s'écoule ensuite entre les cônes A et D, sous forme de nappe cylindrique extrêmement mince qui enveloppe le naphte, le pulvérise et le projette avec force dans le foyer; le naphte, ainsi réduit en poussière, s'enflamme au contact d'un corps en ignition et brûle sans fumée. L'activité du foyer est réglée par la broche

C qui, en avançant ou reculant, diminue ou augmente la quantité d'hydrocarbure qui s'écoule. L'emploi de deux appareils, montés à côté l'un de l'autre, rend la conduite du feu extrêmement facile, car on peut instantanément éteindre l'un des deux ou le rallumer en fermant ou en ouvrant de nouveau le robinet qui règle l'arrivée du naphte dans chaque pulvérisateur. Si l'appareil vient à s'obstruer par suite de parties solides contenues dans le naphte, ou bien même s'il vient simplement à s'encrasser à la suite d'un fonctionnement prolongé, il suffit de faire tourner légèrement à gauche et à droite le petit volant K et l'écoulement se régularise aussitôt. Si on veut visiter le cône intérieur A, il suffit de faire faire un demi-tour au doigt H, et on peut alors retirer complétement la boîte à étoupes G et la broche de réglage.

Ces appareils fonctionnent bien et, par le simple jeu de la broche centrale, peuvent brûler de 10 à 80 kilogr. de naphte à l'heure. Deux appareils jumeaux brûlant ensemble 160 kilogr. de naphte pourront donc évaporer, à raison de 13 litres par kilogr. de combustible, $160 \times 13 = 2080$ litres d'eau par heure, et, en admettant qu'on évapore 30 litres par mètre carré de surface de chauffe, ce qui est à peu près la limite avec le tirage naturel, ils conviendront à un foyer correspondant à une surface de chauffe de 69 mètres carrés. Or, en marine, un foyer est rarement appelé à desservir une surface de chauffe de plus de 50 mètres carrés : les appareils que nous venons de décrire, montés sur un foyer, rempliront donc largement les conditions désirées.

Mais, sur une chaudière de torpilleurs, on ne se contente plus de vaporiser 30 litres d'eau par mètre carré de surface de chauffe ; il faut aller beaucoup plus loin, ce qui est possible en ayant recours au tirage forcé. Au lieu de brûler 160 kilogr. de naphte dans un foyer, il faudra brûler le double et même davantage si on peut.

Au premier abord il paraîtrait suffisant, pour résoudre la question, d'augmenter les diamètres des appareils précédents ; mais il n'en est pas ainsi. En effet, si on augmente les diamètres, le pétrole s'écoule, il est vrai, en plus grande abondance, mais alors la pulvérisation devient imparfaite, la combustion incomplète et il y a production d'une épaisse fumée noire qui encrasse la chaudière et ralentit la vaporisation.

Il faut absolument, pour éviter ces inconvénients, recourir à une pulvérisation énergique, et c'est ce qui nous a conduit à ajouter, à l'intérieur de la lame de naphte, une deuxième lame de vapeur ; le naphte se trouve alors en nappe cylindrique comprise entre deux lames pulvérisantes, air ou vapeur, à la façon de l'huile dans un bec d'Argan, et aucune de ses particules ne peut échapper à la pulvérisation.

L'appareil qui remplit ces conditions (fig. 3 et 4) se compose, comme le précédent, d'une boîte conique A, dans laquelle le pétrole arrive par la tubulure B. L'agent de pulvérisation arrive par la tubulure F et, en passant dans le cône D, forme la première lame extérieure qui entoure la lame de naphte; mais cet agent passe également par les orifices O, arrive dans la broche C, qui est creuse, et rencontre le cône M qui le force à s'écouler dans le foyer sous forme de nappe conique intérieure à la lame de naphte. Cet appareil se règle et se démonte comme le précédent; il peut brûler jusqu'à 400 kilogr. de naphte à l'heure et sans qu'il y ait trace de fumée.

Il faut maintenant rechercher quelles sont les dimensions minima à donner aux différentes parties de la chaudière dans laquelle on doit brûler une quantité donnée de combustible et, pour cela, déterminer par expérience les vaporisations maxima que l'on peut atteindre par unité de surface de chauffe, soit avec le tirage naturel, soit avec le tirage forcé.

Essais de vaporisation. — La chaudière qui a servi à cette détermination est une chaudière tubulaire à retour de flamme (fig. 5), du type des chaudières auxiliaires placées à bord des navires de commerce pour le service des treuils et appareils de pont.

Ses dimensions sont les suivantes :

Timbre		3^k500
Surface de chauffe mouillée { directe		3.30
tubulaire		16.70
totale		20.00
Section tubulaire		$9^m{}^q1555$
Surface d'évaporation		2 57
Section de la cheminée		0 1520
Volume de vapeur		1.130 litres
— d'eau		2.500 —

La grille a naturellement été enlevée; le foyer est garni de briques réfractaires et muni d'un autel en retour destiné à assurer le brassage du mélange gazeux.

La porte et la devanture du foyer sont remplacées, pour le tirage naturel, par une tôle A (fig. 8 et 9) munie d'une porte à la partie inférieure et sur laquelle le ou les appareils sont montés. Le pétrole, contenu dans une caisse placée sur le côté, arrive, par le tuyau C, dans le brûleur et s'écoule dans le foyer: l'agent de pulvérisation arrive par le tuyau D.

Pour fonctionner avec le tirage forcé, le foyer est hermétiquement fermé par une devanture en fonte A (fig. 5, 6 et 7), portant une tubulure B par laquelle arrive l'air refoulé par le ventilateur C. Le brûleur se trouve monté sur la devanture en fonte: deux manomètres placés, l'un sur le conduit de vent, l'autre, avec prise dans le faisceau tubulaire, indiquent à chaque instant la pression du vent.

La combustion à tirage naturel s'opère parfaitement; le naphte brûle sans fumée. L'activité du foyer peut être très réduite ou poussée à son maximum par le simple réglage du brûleur; nous avons essayé, dans ces conditions, de vaporiser la plus grande quantité d'eau possible et nous sommes arrivé à une limite qu'il a été impossible de

Tableau des vaporisations limites à tirage naturel.

Numéro des essais	1	2	3	4	5	6	7	8	9	10
Durée de l'essai	4h 15	4h 10	3h 58	3h 06	5h 20	6h 28	4h 08	4h 35	2h 07	3h 20
Nature du combustible	Astatkis	»	»	»	»	»	»	»	»	»
Consommation de combustible — totale	260k 29	210k 53	242 37	188 74	283k 26	382k 78	245k 00	267k 95	107 18	2?? 85
— par heure	61 24	50 52	61 10	59 27	53 11	59 19	61 25	58 25	50 63	63 16
— par mètre carré de grille (¹) et par heure	69 57	57 40	69 11	67 34	60 34	67 24	69 50	66 18	57 52	71 76
Température de l'eau d'alimentation	23°	24°	28°	28°	27°	28°	28°	27°	27°	28°
Pression de la chaudière	3k »	»	»	»	»	»	»	»	»	»
Vaporisation sèche — totale	3.100k »	2.700k »	2.900k »	2.100k »	3.500k »	4.525k »	2.800k »	3.100k »	1.300k »	3.400k »
— par heure	729 »	648 »	731 »	677 »	637 »	684 »	700 »	673 »	614 »	731 »
— par mètre carré de chauffe	37 38	33 23	37 48	34 71	32 66	35 07	35 89	34 51	31 48	37 48
— par kilogr. de combustible	11 90	12 82	11 96	11 42	11 99	11 55	11 42	11 55	12 12	11 57
— par kilogr. ramenée à 100°	13 81	14 85	13 77	13 15	13 83	13 30	13 15	13 32	13 98	13 32

Quantité d'eau moyenne vaporisée par kilogr. de combustible. 11k 82

— — prise à 100° et vaporisée à la pression atmosphérique par kilogr. de combustible. 12 65

1 En supposant l'existence d'une grille fictive qui aurait une surface de 0m² 88.

franchir, soit en augmentant le nombre des appareils, soit en accélérant l'arrivée du naphte.

Le tableau ci-dessus résume ces expériences.

On voit dans ce tableau que la vaporisation a atteint le chiffre de 37 kilogr. par mètre carré de surface de chauffe; mais il a été impossible de le dépasser. Si, arrivé à cette limite, on veut augmenter l'activité du foyer en forçant la quantité de pétrole, il y a production de fumée et la vaporisation reste stationnaire.

Il faut cependant remarquer que cette vaporisation est notablement supérieure à celle qu'on peut obtenir avec le charbon. Avec le tirage naturel, en effet, les meilleurs charbons ne nous ont pas permis, sur la même chaudière, de dépasser 28 à 30 kilogr. de vaporisation; nous avons déjà publié ces résultats dans *le Génie Civil* [1].

Lorsqu'on est arrivé à cette limite de 37 kilogr., la rapidité de circulation des gaz chauds dans les conduits de fumée ne peut être augmentée que par le tirage artificiel et il faut y recourir pour atteindre des vaporisations plus énergiques.

La combustion du pétrole avec tirage forcé s'effectue d'ailleurs sans difficulté. Lorsque les appareils sont réglés et que le débit de naphte correspond bien au débit du ventilateur qui fournit l'air nécessaire à la combustion, il n'y a plus à s'occuper de la conduite du feu, et la chaudière peut fonctionner indéfiniment; le chauffeur n'a plus qu'à surveiller l'alimentation d'eau et de pétrole.

Le tableau suivant résume nos essais de vaporisation forcée.

Les résultats consignés dans ce tableau montrent que la vaporisation a atteint des limites extrêmement élevées, qu'on est bien loin d'atteindre avec le charbon; nous aurions même pu, en augmentant la quantité de combustible et d'air refoulée dans le foyer, obtenir des vaporisations encore plus élevées si, à cette allure, il ne s'était produit des ébullitions très violentes qui, en empêchant complètement de juger de la position du niveau d'eau, nous avaient forcé à ralentir l'activité du foyer. Il faut d'ailleurs remarquer que le timbre de la chaudière ne permettait pas de marcher à une pression supérieure à 3 kilogr., et qu'avec une pression plus élevée, les ébullitions ne se produisant que plus tard, on aurait pu pousser la vaporisation plus loin.

Comparaison avec le charbon. — Dans les chaudières des grands torpilleurs de 525 chevaux, on a constaté qu'on arrivait à brûler au maximum 800 kilogr. de charbon par heure et qu'on évaporait 6,5 à 7 litres d'eau par kilogramme de charbon; en prenant le plus grand de ces deux chiffres, la vaporisation totale est donc :

$$7 \times 800 = 5\,600 \text{ litres d'eau par heure.}$$

Ces chaudières ayant 100 mètres carrés de surface de chauffe mouillée, la vaporisation par mètre carré est donc de 56 litres seulement.

---

[1] Voir *le Génie Civil*, tome VIII, n° 1, p. 7 ; n° 2, p. 19 et n° 3, p. 36.

Tableau des vaporisations avec tirage forcé.

		1	2	3
Numéros de l'essai		1	2	3
Durée de l'essai		1h30	4h30	6h00
Nature du combustible		Astatkis	»	»
Consommation de combustible.	totale	243k92	608k44	784k68
	par heure	142 64	135 24	130 78
	par mètre carré de grille et par heure en supposant une grille fictive dans le rapport de .. avec la surface de chauffe, comme dans les torpilleurs de 525 chevaux	373 »	350 »	344 16
	par mètre carré de grille et par heure en supposant une grille dans le rapport de celle du *Marceau*	231 65	344 44	304 16
Température.	de l'eau d'alimentation	16°	18°	17°
	de la boîte à fumée	350	302	380
	de la chaufferie	25	20	28
Pression à la chaudière		3k »	»	»
Eau vaporisée.	totale	2.200 »	7.119k »	9.432k »
	par heure	1 464 »	1.582 »	1.572 »
	par mètre carré de chauffe	73 20	79 10	78 60
	par kilogr. de combustible	10 27	11 70	12 02
	par kilogr. ramené à 100°	12 01	13 68	14 05
Pression du vent.	dans le conduit d'arrivée	45mm	42mm	45mm
	dans le faisceau tubulaire	10	8	8

À côté des essais de torpilleurs, se présentent des essais beaucoup plus complets qui ont été effectués à terre, par l'Administration de la marine, sur un des corps de chaudière du *Marceau*. Dans ces essais, qui ont été conduits avec une grande compétence par un Ingénieur de la marine, M. Guillaume, la vaporisation a été poussée aussi loin que possible.

La chaudière avait été installée dans une chambre hermétiquement fermée, où soufflait le ventilateur, de façon à réaliser le *vase clos* des torpilleurs et des navires à grande vitesse. Le tableau suivant fournit un résumé des essais les plus importants.

Ce tableau indique donc que la plus grande vaporisation atteinte a été de 52k,33 par mètre carré de surface de chauffe.

Dans la marine, on prend souvent comme terme de comparaison, non pas la quantité d'eau évaporée par mètre carré de surface de chauffe, mais plutôt la quantité de charbon brûlé par mètre carré de grille. Nous pouvons conserver cette même base pour comparer la chaudière à pétrole à la chaudière à charbon, en tenant compte des puissances calorifiques relatives des deux combustibles et en suppo-

Tableau des essais de vaporisation à tirage forcé d'un corps de chaudière du " Marceau "

	22 juin 1885	13 juillet 1885	25 novembre 1884	7 mars 1885	13 mars 1885
Date de l'essai	22 juin 1885	13 juillet 1885	25 novembre 1884	7 mars 1885	13 mars 1885
Durée de l'essai	5ʰ	5ʰ	4ʰ 35	5ʰ 3	5ʰ 15
Nature du combustible	briquettes d'Anzin	»	»	»	»
Consommation de combustible — totale	6.610k »	8.235k »	9.013k »	9.980k 8	10.380k 8
Consommation de combustible — par heure	1.322 »	1.647 »	1.966 52	1.976 4	1.977 3
Consommation de combustible — par mètre carré de grille et par heure	200 66	250 »	298 5	300 »	297 1
Température — de l'eau d'alimentation	19°	23°	»	11° 5	11°
Température — dans la boîte à fumée	440	491	481°	524	511
Température — dans la chaufferie	28 5	34	»	26	23
Pression à la chaudière	6k 05	6k 05	5k 91	6k 02	6k 1
Eau vaporisée — totale	55.193k »	68.185k »	70.121k »	78.748k 50	83.357k 80
Eau vaporisée — par heure	11.038 70	13.637 »	15.298 »	15.593 80	15.877 70
Eau vaporisée — par mètre carré de chauffe et par heure	36 4	44 977	50 457	51 43	52 33
Eau vaporisée — par kilogr. de combustible	8 35	8 28	7 78	7 89	8 03
Eau vaporisée — par kilogr. ramenée à 100°	9 85	9 77	,	9 468	9 636
Pression du vent — dans le conduit d'arrivée	20mm 1	28mm	66mm 4	68mm 5	64mm 7
Pression du vent — dans le faisceau tubulaire	4 5	5 8	»	8 7	8 6
* Air dépensé par kilogr. de charbon brûlé	9m 73	10m 5	11m 3	10m 27	9m 64

sant, dans notre chaudière d'essai, l'existence d'une grille fictive proportionnée à la surface de chauffe.

Ainsi, dans notre meilleur essai, il est vrai, nous avons vaporisé une quantité de 1 582 litres d'eau par heure. Le charbon employé sur le *Marceau* évaporant, dans le cas de chauffage à outrance, 8 litres d'eau au maximum, si nous avions employé ce combustible au lieu de pétrole, nous en aurions brûlé, pour évaporer la même quantité d'eau, $\frac{1\,582}{8} = 197^{kil}70$. Dans la chaudière du *Marceau* le rapport de la surface de grille à la surface de chauffe étant de $\frac{1}{46}$, une grille fictive établie dans le même rapport aurait, pour notre chaudière d'essai, une surface de $\frac{20}{46} = 0^{m2}43$.

Nous aurions donc brûlé, par mètre carré de grille et par heure :

$$\frac{197.70}{0.43} = 457 \text{ kilogr.,}$$

soit 52 % de plus que le *Marceau*, qui n'a brûlé que 300 kilogr.

La comparaison avec les torpilleurs de 525 chevaux où, pendant les essais, tout est poussé à l'extrême, nous conduit encore à peu près au même résultat.

Dans ces bâtiments, en effet, on évapore au maximum 7 litres d'eau par kilogramme de charbon et le rapport de la surface de chauffe à la grille est de $\frac{1}{52}$; on brûle environ 800 kilogr. de charbon à l'heure, soit $\frac{800}{1.90} = 420$ kilogr. par heure et par mètre carré de grille, celle-ci ayant une surface de $1^{m2}90$.

En établissant avec cette chaudière la même comparaison que celle que nous venons d'établir avec le *Marceau*, notre chaudière d'essai aurait donc brûlé :

$$\frac{1\,582}{7} = 226 \text{ kilogr. de charbon sur une grille fictive de } \frac{20}{52} = 0^{m2}38$$

de surface, soit :

$$\frac{226}{0.38} = 594^{kil}73 \text{ par mètre carré.}$$

c'est-à-dire 43 % de plus que le torpilleur.

À côté des essais de vaporisation du *Marceau* et des torpilleurs français que nous venons de résumer, notre impartialité nous fait un devoir de signaler ceux qui ont été faits en Angleterre, il y a quelques années, sur des chaudières de torpilleurs de M. Thornycroft, par les soins de l'Amirauté anglaise et qui ont été publiés par l'*Engineering*.

Tableau des essais entrepris par l'amirauté anglaise sur une chaudière de torpilleur de M. Thornycroft.

Numéro de l'essai		A	B	C	D
Durée de l'essai		2ʰ 00	2ʰ 07	1ʰ 30	1ʰ 27
Nature du combustible		Cardiff-Nixon	»	»	»
Pression de l'air	dans la chaufferie . . .	50	75	100	150
en	— le cendrier	36.7	57.2	80.5	131.2
millimm. d'eau	— le foyer	33.7	46.7	75	108.2
Nombre de tours du ventilateur par minute		575	665	818	986
Température	sur le pont	80	112	105	121.5
en degrés	dans la chaufferie . . .	23 9	29 5	25 5	27 7
centigrades	— la cheminée . . .	578	644	682	784
	de l'eau d'alimentation .	12	14	12	13 3
Pression de la vapeur		8ᵏ20	8ᵏ20	8ᵏ07	8ᵏ07
Quantité	par heure	416 »	529	662 »	816 »
de charbon brûlé	par heure et par mètre carré de grille (1) . . .	237 »	302	478 »	466 »
Quantité d'eau évaporée	par heure	2.940ᵏⁱˡ	3.496ᵏⁱˡ	4.196ᵏⁱˡ	4.878ᵏⁱˡ
	par heure et par mètre carré de surface de chauffe (2)	54 2	60 9	73 4	84 9
	par kilogr. de charbon .	7 06	6 60	6 33	5 97

(1) Surface de grille 1ᵐ² 75.
(2) — de chauffe 57ᵐ² 40.

Il résulterait de ce tableau, qui indique une vaporisation de 84ᵏⁱˡ 9 par mètre carré de surface de chauffe, avec une combustion de 466 kilogr. de charbon par mètre carré de grille, que les chaudières anglaises sont plus puissantes que les chaudières françaises, avec des pressions de vent qui, il est vrai, ont atteint 150 millimètres d'eau dans l'essai dont nous parlons.

Nous nous garderions bien de mettre en doute l'habileté des Ingénieurs qui ont conduit ces essais ; il faut cependant avouer qu'il y a beaucoup à en rabattre et que l'expérience citée, dont la durée n'a été que de 1ʰ 27, est beaucoup trop courte pour être certaine. Tous les Ingénieurs qui ont été appelés à faire des essais de bateaux en Angleterre, savent que la brièveté de ces essais en diminue singulièrement la valeur et qu'une fois le navire reçu, les résultats changent considérablement.

D'autre part, tout le monde a pu apprécier la science et l'expérience des Ingénieurs de la marine française, et nous persistons à croire que ce qu'ils ont obtenu avec les chaudières françaises est réellement le maximum à atteindre.

Nous ne croyons pas que des essais de combustion de naphte avec tirage forcé aient été entrepris en dehors de ceux que nous avons faits et dont nous venons de donner le résultat : dans tous les cas, ces essais, si incomplets qu'ils soient, montrent, en mettant de côté, il est vrai, les essais anglais, qu'à égalité de tirage la chaudière à naphte a une puissance de vaporisation bien plus grande que celle de la chaudière à charbon, et nous allons voir, en calculant les volumes d'air nécessaires à la combustion et les volumes des produits de cette combustion dans les deux cas, que cette supériorité est pleinement justifiée.

Volume d'air nécessaire à la combustion. — L'acide carbonique étant formé de 27,36 parties de carbone et de 72,64 d'oxygène, il faut, pour brûler 1 kilogr. de charbon, en formant de l'acide carbonique :

$$\frac{72.64}{27.36} = 2^{kil}65 \text{ d'oxygène,}$$

ou bien

$$\frac{2^{kil}65}{1.43} = 1^{mc}85 \text{ d'oxygène,}$$

la densité de l'oxygène étant 1.1026 et en prenant $1^{kil}30$ comme poids d'un mètre cube d'air.

L'air étant composé de 21 °/₀ d'oxygène et de 79 °/₀ d'azote, il faudra, par kilogr. de charbon à brûler :

$$\frac{1.85 \times 100}{21} = 8^{mc}88 \text{ d'air.}$$

L'hydrogène, en brûlant, formera de l'eau qui contient 11,1 °/₀ d'hydrogène et 88.9 °/₀ d'oxygène : il faudra donc, pour brûler 1 kilogr. d'hydrogène :

$$\frac{88.9}{11.1} = 8 \text{ kilogr. d'oxygène,}$$

soit $5^{mc}594$ d'oxygène, ou bien $26^{mc}638$ d'air atmosphérique.

Les naphtes bruts ou leurs résidus qu'on est appelé à brûler, contenant environ 87,1 de carbone, 11.7 d'hydrogène et 1.2 d'oxygène, le volume d'air nécessaire à la combustion de 1 kilogr. de ce combustible sera donc :

$$0,871 \times 8.88 + \left(0.117 - \frac{0.012}{8}\right) 26.638 = 10^{mc}8\,00.$$

Péclet a trouvé expérimentalement que, lorsqu'on brûlait un combustible sur une grille, le maximum d'utilisation avait lieu en introduisant dans le foyer un volume d'air supérieur de 33 °/₀ au volume théorique. Dans la combustion du naphte, où le mélange du combustible et de l'air est intime, il est probable qu'on doit pouvoir se contenter de la quantité théorique ; nous admettrons cependant, pour qu'il n'y ait pas de mécompte, ce supplément. La quantité d'air à introduire dans le foyer pour brûler 1 kilogr. d'astatkis sera donc :

$$10,8 \times 1.33 = 14^{mc}36.$$

Pour brûler 1 kilogr. de charbon, il faut théoriquement 8 mètres cubes d'air; en ajoutant 33 %, il faut :

$$8 \times 1.33 = 10^{m3} 64.$$

Nous pouvons voir, d'après le tableau d'essais du *Marceau*, que ce volume est sensiblement celui qui a été mesuré en pratique.

Volume des produits de la combustion. — A température et à pression égales, le volume d'acide carbonique dégagé par la combustion du carbone est égal au volume d'oxygène qui l'a formé.

1 kilogr. d'hydrogène exigeant 8 kilogr. d'oxygène pour se brûler, il en résulte que chaque kilogr. d'oxygène brûlé donnera $1^{kil} 125$ de vapeur d'eau ou $1,24 \times 1.125 = 1^{m3} 4$ environ de vapeur ramenée fictivement à 0°.

A la pression atmosphérique et à 0°, 1 kilogr. d'oxygène occupe un volume de $0^{m3} 70$: donc chaque kilogramme d'oxygène converti en vapeur donnera une augmentation de volume de $1^{m3} 4 - 0^{m3} 7 = 0^{m3} 7$. En d'autres termes, en brûlant de l'hydrogène, le volume de vapeur produit est double du volume d'oxygène employé.

En brûlant 1 kilogramme d'astatkis les produits de la combustion seront donc :

$$0.87 \times 1^{m3} 85 = 1^{m3} 609 \text{ d'acide carbonique.}$$
$$0,117 \times 2 \times 5^{m3} 6 = 1^{m3} 310 \text{ de vapeur.}$$

et comme on a employé $14^{m3} 36$ d'air. sur lesquels $1^{m3} 609$ d'oxygène a été employé à brûler le carbone et $\left(0.117 - \dfrac{0.012}{8}\right) 5^{m3}6 = 0^{m3}646$ à brûler l'hydrogène, il restera un excédent de :

$14,36 - 1.609 - 0.646 = 12^{m3} 105$ d'azote et d'oxygène non combiné.

Le volume total des produits de la combustion de 1 kilogr. d'astatkis sera donc :

$$12,105 + 1.609 + 1,310 = 15^{m3} 024.$$

Ce volume est compté à 0°. et il faudra le dilater à la température du foyer et à celle de la cheminée s'il doit servir de base pour en déterminer les sections; mais cette correction n'est pas nécessaire pour établir la comparaison suivante entre la chaudière à naphte et la chaudière à charbon.

Puissances évaporatoires relatives de la chaudière à charbon et de la chaudière à pétrole. — Dans la chaudière à charbon, lorsqu'on brûle 1 kilogr. de combustible, il faut faire passer dans les conduits de fumée $10^{m3} 64$. volume des produits de la combustion. et on évapore au maximum 8 litres d'eau.

Dans la chaudière à pétrole, pour brûler la même quantité de combustible, il faut faire passer $14^{m3} 36$ d'air brûlé, mais on évapore 13 litres d'eau.

En d'autres termes, pour évaporer 1 litre d'eau, il faut, en brûlant du charbon, faire circuler dans la chaudière :

$$\frac{10,64}{8} = 1^{mc} 330 \text{ d'air brûlé}$$

et en brûlant du pétrole,

$$\frac{14,36}{13} = 1^{mc} 104.$$

Ou bien encore, pour une circulation de 1 mètre cube de gaz dans les conduits de fumée, la chaudière à charbon évapore :

$$\frac{1}{1,330} = 0^{lit} 75 \text{ d'eau,}$$

et la chaudière à naphte,

$$\frac{1}{1,104} = 0^{lit} 90.$$

Il en résulte qu'à égalité de section des conduits de fumée et, par conséquent, à égalité de surface de chauffe, et dans les mêmes conditions de tirage, la chaudière à naphte évapore :

$$0,90 - 0,75 = 0,15$$

$$\text{soit } \frac{0,15}{0,75} = 20 \text{ %}$$

de plus que la chaudière à charbon.

On en déduit que, pour évaporer la même quantité d'eau, dans l'unité de temps, avec le même tirage, la chaudière à naphte peut être de 20 % plus petite que celle à charbon.

Or nous avons trouvé pratiquement une différence beaucoup plus grande : cela est dû certainement à ce que, en brûlant du charbon, on est conduit forcément à introduire dans les chaudières beaucoup plus d'air qu'il n'est théoriquement nécessaire, tandis qu'en brûlant du pétrole, on est au contraire conduit à diminuer cette quantité, à cause de l'union intime du combustible et du comburant, et de l'uniformité d'écoulement de ces deux agents, ce qui rapproche d'autant de la combustion théorique.

Cette remarque et la comparaison précédente des produits de la combustion dans les deux cas expliquent les vaporisations considérables que nous avons constatées sur notre chaudière d'expérience.

Inconvénients des chaudières actuelles de torpilleurs. — Les dernières grandes manœuvres maritimes en France et les courses de torpilleurs en Angleterre ont montré à quel point il fallait peu compter sur les chaudières de ces petits bâtiments pour une marche à toute vitesse ayant une durée de quelques heures.

Même à vitesse réduite, ces chaudières sont extrêmement difficiles à conduire et, dans leur rapport de mer, les commandants des torpilleurs qui ont fait, aux mois de juillet et d'août 1886, la traversée de Toulon à Cherbourg. insistent sur les difficultés que présente la chauffe et réclament, pour ce service. un personnel très exercé, dût-on le prendre en dehors du personnel mécanicien régulier.

Ces chaudières, représentées figures 10 et 11. sont du type locomotive. c'est-à-dire qu'elles ont des foyers carrés, débouchés en dessous de la grille, et que le faisceau tubulaire est en prolongement de cette dernière.

Lorsqu'on marche à grande vitesse, les grilles s'encrassent rapidement, les escarbilles et mâchefers sont entraînés par le tirage. passent en partie par le faisceau tubulaire et la cheminée. et cela a déjà l'inconvénient de signaler de très loin à l'ennemi l'approche du torpilleur; mais, ce qui est plus grave. c'est qu'un certain nombre de tubes finissent par être obstrués par des dépôts de coke qui se forment sur leur orifice et qui ont l'aspect extérieur de nids d'hirondelle; ces dépôts (fig. 12) ou ces nids d'hirondelle, pour leur conserver ce nom qui les caractérise si bien. ont non seulement l'inconvénient de couper le tirage (et il faut, si on veut continuer à fonctionner, les enlever à grand'peine au moyen d'un ringard qu'on promène de confiance sur toute la plaque tubulaire). mais on a de plus remarqué qu'ils se formaient de préférence sur les tubes qui. après refroidissement de la chaudière, perdaient le plus.

La formation de ces dépôts est-elle due, comme le pensent certains Ingénieurs de la marine, à ce que le tube perdant déjà pendant le fonctionnement de la chaudière. les mâchefers viennent se condenser et se figer en ce point refroidi par la fuite ? ou bien faut-il croire qu'au contraire le tube perd, parce que son extrémité a été échauffée par le dépôt incandescent qui est venu s'y former sans raison particulière ?

Il est assez difficile de se prononcer nettement pour l'une ou l'autre de ces explications. quoique certains nids d'hirondelle, exclusivement formés de carbone ou de graphite. nous mettent cependant en droit de rejeter la première.

Quoi qu'il en soit, les tubes des chaudières de torpilleurs perdent très rapidement; quelques heures seulement de marche à grande vitesse suffisent pour cela.

Les foyers genre locomotive ont aussi donné bien des ennuis ; ces foyers ont été faits en tôles fines de fer. puis. après avoir observé des traces de fatigue très grande dans les angles et sur tous les bords rabattus. on les a faits en cuivre mais là encore il s'est produit des accidents. sans compter que le cuivre. résistant bien moins que la tôle de fer. il faut augmenter les épaisseurs et les armatures.

Sur la chaudière du *Marceau*. tous les phénomènes d'allongement des tubes. formation de nids d'hirondelle. déformation des boîtes à feu. ont été étudiés d'une façon remarquable.

Les chaudières du *Marceau* ne sont pas tout à fait semblables à celles des torpilleurs, en ce sens qu'elles ont des foyers cylindriques et sont munies d'une boîte à feu (fig. 13 et 14); mais elles ont un point commun très important. c'est qu'elles ne sont ni l'une ni l'autre à retour de flamme et que le faisceau tubulaire se trouve en prolongement de la grille.

La boîte à feu est construite de façon à ce qu'il n'y ait pas une seule couture dans le feu et de plus elle est munie, dans son milieu, d'un tore élastique qui lui permet de se dilater et de se contracter sans fatigue pour les coutures voisines.

Pendant les premiers essais de ces chaudières les tubes étaient en laiton et munis de bagues en acier, comme cela est habituel dans la marine française; dès les premiers essais, les tubes se sont mis à fuir: il y a eu formation de nids d'hirondelle, dépôts considérables d'escarbilles, cendres et mâchefers dans la boîte à feu.

Supposant alors avec raison qu'il fallait rechercher la cause des fuites des tubes dans la grande différence de dilatation des métaux constituant le corps de la chaudière et le faisceau tubulaire, l'Administration de la Marine décida le remplacement d'un certain nombre de tubes en laiton par des tubes en fer; craignant pour la jonction du tube en fer avec la plaque à tubes, elle décida que les tubes en fer seraient reboutés en cuivre rouge et munis de bagues doublement dudgeonnées (fig. 15).

Les tubes en fer ont beaucoup mieux résisté que les tubes en cuivre, dans les nouveaux essais qui ont été entrepris après cette modification; cependant on a trouvé qu'il était prudent de ne pas brûler plus de 225 kilogr. de charbon par mètre carré de grille: au delà le courant d'air soufflé produit sur les plaques à tubes des dépôts abondants d'escarbilles qui viennent couper le tirage et l'alimentation des foyers devient extrêmement pénible.

Quant au foyer et à la boîte à feu, même dans les chauffes à outrance de 200 à 300 kilogr. par mètre carré de grille, l'étanchéité a été parfaite et cela ne doit être attribué qu'à leur élasticité et à la façon dont les assemblages ont été exécutés.

La nécessité du tirage forcé sur les torpilleurs et les croiseurs a conduit à l'emploi des chaufferies fermées et soufflées appelées très justement vase clos: tant que la chaudière ne présente pas de fuites, les chauffeurs qui sont enfermés dans le vase clos ne courent aucun danger, et, en dehors de l'impression morale pénible qu'exerce sur eux cette claustration forcée, impression qui deviendrait plus vive certainement le jour où le torpilleur aurait réellement à combattre, cette disposition est parfaitement acceptable.

Mais le vase clos devient dangereux lorsqu'il se produit une fuite dans la chaudière: le premier mouvement des chauffeurs est de chercher une issue pour fuir, et s'ils ont le malheur d'ouvrir une porte quelconque de communication avec l'extérieur, la pression qui régnait dans la chaufferie disparaît tout à coup, et tout le personnel peut être grièvement brûlé par le retour de flamme, ou par la fuite de vapeur qui n'est plus entraînée dans la cheminée: il faut un chef de chauffe assez énergique pour maintenir la chaufferie hermétiquement close, augmenter la vitesse du ventilateur, mettre bas les feux si c'est possible et évacuer la chaufferie seulement lorsque la chaudière est vide.

Chaudières à tirage forcé et à combustion de pétrole. — En présence des difficultés qu'offre le chauffage au charbon avec tirage forcé et des dangers que présentent les chaudières actuelles des torpilleurs, il y a lieu de se demander s'il ne conviendrait pas d'essayer d'une façon sérieuse l'emploi du naphte à bord de ces bâtiments, avec une chaudière spéciale convenablement appropriée à l'emploi de ce combustible.

Il est juste de reconnaître que cette idée avait été émise par les forges et chantiers du Havre, qui avaient même pris un brevet à ce sujet : malheureusement cette Compagnie avait repris, en l'améliorant et la transformant, il est vrai, la grille à pétrole de M. Sainte-Claire-Deville, qui se contentait de brûler le combustible en le faisant écouler dans de petites rigoles légèrement inclinées ; un Ingénieur de la marine, M. de Maupeou, qui a résumé ces essais dans un remarquable article qu'il a fait paraître dans le *Mémorial du génie maritime*, faisait observer avec grande raison, dès cette époque, que ce n'était pas là la solution et qu'on ne la trouverait que dans la pulvérisation.

Dans l'appareil des forges et chantiers, représenté par les fig. 16, 17, 18, 19, 20, le brûleur était formé de barreaux en fonte creusés en forme de gouttière ; le naphte tombait dans ces gouttières et brûlait progressivement au contact de l'air soufflé entre ces barreaux, et dont la quantité se trouvait réglée par le mouvement horizontal des ailettes V, qui rétrécissaient ou augmentaient les fentes d'arrivée.

Il faut remarquer que, dans cet appareil, l'air employé avait une pression de 8 à 9 centimètres d'eau seulement : ainsi que nous le verrons plus loin, cette pression est absolument insuffisante pour effectuer la pulvérisation du combustible, et la combustion s'effectuait donc seulement par contact.

Aussi le résultat a-t-il été bien incomplet : la production de vapeur était très faible, l'appareil très sujet à s'encrasser et, après quelques essais, cette disposition fut abandonnée sans recevoir d'application.

Les essais que nous avons résumés au commencement montrent au contraire qu'avec des pulvérisateurs, la question est facile à résoudre et le succès certain.

On pourrait remplacer les chaudières actuelles par des chaudières à foyer fermé, comme celle qui est représentée dans les figures 21, 22, 23 et 24.

Cette chaudière a la forme générale de celles qui sont actuellement en service et correspond comme dimensions aux chiffres qu'il conviendrait d'adopter pour les torpilleurs de 525 chevaux ; mais, comme la grille est supprimée, le foyer, au lieu d'être carré, a la même forme que la boîte à feu, et l'enveloppe de la chaudière devient cylindrique sur toute sa longueur.

Il est parfaitement certain que cette chaudière, alimentée avec du

pétrole, se trouverait complètement à l'abri de la formation des nids
d'hirondelle qui se produisent dans les chaudières à charbon ; la présence d'un tore dans le foyer le rendrait élastique et le mettrait ainsi
à l'abri des fuites et des déchirures ; en outre, cette élasticité, en
permettant au faisceau tubulaire de se dilater et contracter indépen-
damment de l'enveloppe, diminuerait certainement les fuites de la
plaque tubulaire ; mais celle-ci aurait encore cependant l'inconvénient
de se trouver directement exposée au courant de flamme.

Mais il faut remarquer que la possibilité de supprimer la grille
permet l'emploi, pour la chaudière à pétrole, du retour de flamme ;
cette chaudière, représentée par les figures 25, 26, 27 et 28, se com-
porterait probablement très bien, même avec des tirages à outrance ;
la présence d'une boîte à feu élastique comme celle des chaudières
du *Marceau* permettrait les dilatations, et la position des tubes en
retour les mettrait à l'abri du coup de feu qu'ils reçoivent lorsqu'ils
se trouvent en prolongement du foyer.

Dans l'une ou l'autre de ces chaudières, le foyer est fermé par
une devanture en fonte A, qui est à circulation d'eau pour ne pas
rougir ; les pulvérisateurs B B sont fixés sur cette devanture.

Les pulvérisateurs reçoivent le pétrole d'un réservoir C, placé sur
le côté de la chaudière, et l'agent de pulvérisation, vapeur ou air
comprimé, arrive par le tuyau D.

L'air soufflé par le ventilateur V (fig. 29 et 30) arrive dans la devanture en fonte par le conduit E, et se divise en deux courants qui
pénètrent dans le foyer par les orifices G G ; il y a lieu de remarquer
que ces deux courants viennent couper le jet de naphte enflammé
à angle droit ; cette disposition assure un brassage énergique du combustible et du comburant, et nous avons trouvé par expérience qu'elle
donne des résultats beaucoup plus avantageux que ceux qu'on ob-
tient en dirigeant le jet de vent dans le même sens que le jet de
pétrole ; cette disposition a encore un autre avantage : le jet de vent

arrivant à angle droit perd sa vitesse qui, dans le foyer devient $\dfrac{Q}{\Omega}$

(Ω étant la section du foyer), au lieu de $\dfrac{Q}{\omega}$ (ω étant la sec-

tion du tuyau d'arrivée) qu'elle était à la sortie du tuyau ; cette
diminution de vitesse permet aux gaz chauds de séjourner plus
longtemps dans le foyer et le faisceau tubulaire, et de se dépouiller
plus complètement de la chaleur qu'ils contiennent. Une porte H
ménage l'accès de l'air dans le foyer pour marcher à tirage naturel,
et deux autres portes plus petites M permettent d'introduire les
tampons de coton enflammé nécessaires pour l'allumage.

La chaudière à tubes directs a les mêmes dimensions et le même
poids que les chaudières actuelles des torpilleurs de 525 chevaux.

La chaudière à retour de flamme est un petit peu plus lourde ;
mais il faut observer que le naphte permettant des vaporisations
beaucoup plus considérables, les dimensions pourraient, à égalité de
production de vapeur, être notablement réduites.

Telles qu'elles sont représentées sur les figures ci-après, ces chaudières répondent aux conditions suivantes :

	Chaudière à tubes directs	Chaudière à retour de flamme
Timbre.	9^k	9^k
Surface de chauffe mouillée totale	$99^{m2}50$	$98^{m2}80$
Section tubulaire intérieur des bagues	0 22	0 22
Diamètres des tubes.	40×44	46×50
Longueur entre plaques	$2^m 850$	$3^m 45$
Nombre de tubes	238	166
Surface d'évaporation	$6^{m2} 23$	$6^{m2} 45$
— par cheval .	0 0119	0 0123
Rapport à la surface de chauffe .	$^1/_{16}$	$^1/_{15}$
Volume de vapeur	$2^{m3} 640$	$2^{m3} 720$
— par cheval . . .	5 litres	5 litres
— par mètre carré de surface de chauffe	26 4	27 5
Poids de vapeur dépensé par heure pour 525 chevaux (à 10 kilogr. par cheval).	5.250^k	
Poids de pétrole à brûler pour cette production par heure. . .	437	»
Volume d'air nécessaire par heure à 20^{m3} par kilog. de pétrole. . .	8.740^m	»
Volume d'air nécessaire par seconde à 20^{m3} par kilogr. de pétrole. .	2 427	»
Vitesse de l'air dans le tuyau d'arrivée par seconde.	20^m	
Section du tuyau amenant l'air soufflé	$0^{m2} 1213$	»
Pression du vent en colonne d'eau $h = \dfrac{V^2}{2g} \times \dfrac{\delta'}{\delta}$	$0^m 026$	»

Installation à bord de la chaudière et des soutes. — Cette installation est des plus simples; il n'est plus nécessaire ici de fermer la chaufferie et de la mettre sous pression: elle peut rester en libre communication avec l'extérieur: le ventilateur V (fig. 29, 30 et 31) refoule par le conduit N dans le foyer l'air nécessaire à la combustion: le reste de l'installation n'a aucune modification à subir.

Les soutes sont des réservoirs étanches P, construits de chaque côté de la chaudière à la place des soutes actuelles à charbon: une soute Q, de réserve, peut être construite en fermant par une tôle mince les mailles du bâtiment. Un petit cheval spécial R prend le pétrole dans les soutes et le refoule dans le réservoir C qui le distribue aux pulvérisateurs.

Remplacement de la vapeur par l'air comprimé pour effectuer la pulvérisation. — A bord d'un torpilleur, où la provision d'eau douce est très restreinte, il y aurait inconvénient à employer la vapeur comme agent de pulvérisation, cet emploi ayant pour résultat de laisser échapper, d'une façon continue, par la cheminée, une quantité de vapeur qu'on peut évaluer au $\frac{1}{20}$ de la production de la chaudière.

Mais on peut employer à sa place l'air comprimé: la pulvérisation s'effectue aussi bien; la flamme est même plus blanche, surtout avec de l'air chauffé préalablement, et le rendement est sensiblement le même qu'avec la vapeur.

Avec de l'air froid, l'appareil s'éteint quelquefois brusquement; avec de l'air chaud, ces extinctions ne se produisent plus, surtout si on a la précaution de garnir le foyer de briques réfractaires qui rougissent rapidement et assurent alors la parfaite régularité du feu.

La température à laquelle il convient d'échauffer l'air n'est pas élevée; il suffit de 50 à 60°; la disposition qui convient le mieux est de faire passer le tuyau qui amène l'air au pulvérisateur dans le réservoir de vapeur ou dans la cheminée.

Pour l'allumage avec de l'air, il faut d'abord n'employer qu'une pression de 0ᵏ 100 à 0ᵏ 600; lorsque la flamme est bien fournie et le foyer chaud, on peut alors l'augmenter et aller jusqu'à 1 kilogr.; mais la pression qui convient le mieux est celle de 0ᵏ 75.

Il faut cependant remarquer qu'avec de l'air comprimé, la flamme produit un bruit continu, assez intense, analogue à celui d'un grand ventilateur; ce phénomène, qui n'a pas lieu avec la vapeur, est probablement dû à une série d'extinctions et d'allumages infiniment rapprochés, et doit avoir la même origine que ceux qui se produisent dans les tubes qu'on a appelés harmonicas chimiques; aussi il est probable qu'il disparaîtrait si, au lieu d'employer de l'air atmosphérique, on employait les produits de la combustion; cette disposition serait facilement applicable et aurait même l'avantage d'éviter le réchauffement, puisque les produits de la combustion sortent de la cheminée à une température élevée; il faudrait même les refroidir pour ne pas abîmer la pompe de compression; cependant ce refroidissement ne devrait pas être poussé trop loin, car ils contiennent de la vapeur d'eau, provenant de la combustion de l'hydrogène, qu'il ne faudrait pas laisser se condenser.

Il y a quelques mois, on a fait beaucoup de réclame, en Angleterre, au sujet de l'emploi de l'air comprimé comme agent de pulvérisation, et on l'a même présenté comme une nouveauté et une grande découverte; certainement les Anglais ont un esprit d'appropriation très remarquable, et ils ont le mérite de faire passer rapidement, chez eux, dans le domaine de la pratique, les inventions françaises qui, sans cela, resteraient chez nous indéfiniment à l'état de conception; mais, dans la question qui nous occupe, la chose n'en valait réellement pas la peine; chaque fois qu'on a eu recours à la vapeur pour pulvériser un liquide, il est venu à l'esprit d'employer simultanément l'air ou un gaz comprimé quelconque pour obtenir les mêmes effets.

Nous avons fait nous mêmes, il y a déjà plusieurs années, des essais de pulvérisation avec l'air comprimé; les Forges et Chantiers, à Marseille, en essayant en 1883 un pulvérisateur à lame plate importé par l'amiral russe, Likatchoff, avaient, au cours de leurs expériences, remplacé la vapeur par l'air comprimé, et cet emploi n'offre rien de nouveau.

Volume d'air nécessaire à la pulvérisation et volume de la pompe de compression. — Pour pulvériser 1 kilogr. de naphte, il faut employer environ 500 litres d'air à la pression de 0^k75.

La chaudière des torpilleurs de 525 chevaux devant brûler, au maximum en pleine puissance, 300 kilogr. de naphte par heure, une pompe aspirant 300 mètres cubes à l'heure, soit 5 mètres cubes par minute, donnera un volume d'air plus que suffisant pour assurer la pulvérisation ; une pompe à action directe système Westinghouse, ayant 300 millimètres de diamètre et 300 millimètres de course, et battant seulement 120 coups par minute, remplirait ces conditions.

Réservoir d'air pour l'allumage. — Pour l'allumage de la chaudière, il faudra avoir un réservoir contenant de l'air comprimé, qu'on laissera arriver dans le foyer à une pression de $0^{k}75$ en passant par un détendeur. La capacité de ce réservoir peut être facilement déterminée d'après la quantité de naphte à pulvériser, pour obtenir, dans la chaudière, de la vapeur à une tension suffisante pour faire fonctionner la pompe.

La chaudière contient 2 850 litres d'eau, qu'il faut porter à la température de 130° correspondant à la pression à laquelle la pompe peut commencer à fonctionner ; mais il faut remarquer que, pendant la mise en pression de la chaudière, le tirage se faisant à l'air libre, la quantité de combustible brûlé est beaucoup plus faible qu'en marche normale : il en résulte que le volume des gaz chauds étant plus petit ne passe que par les tubes du haut, et que le bas de la chaudière est encore froid lorsque le haut est déjà en pression ; aussi, au lieu de compter sur 2 850 litres à chauffer, on peut ne compter que sur 2 000, sans craindre que cette évaluation soit au-dessous de la réalité.

Pour élever ces 2 000 litres à 130°, en supposant l'eau de la chaudière à 10°, il faudra dépenser d'abord :

$$2\,000\,(130 - 10) = 240\,000 \text{ calories.}$$

Le volume de vapeur contenu dans la chaudière étant de 2 640 litres, il faudra, pour le remplir de vapeur à 130°, vaporiser

$$2^{m3}640 \times 1.5 = 3^{kil}960.$$

soit 4 litres d'eau pris à 130° et les porter à l'état de vapeur à la même température.

La dépense de chaleur pour cette vaporisation sera :

$$\lambda = (606,5 + 0.305\,T - T)\,4.$$
$$= (606,5 + 0.305 \times 130 - 130)\,4.$$
$$= 2\,064.60.$$

Le nombre total de calories à dépenser pour mettre la chaudière en pression sera donc :

$$240\,000 + 2\,064.60 = 242\,064.60.$$

Le naphte produisant environ 11 000 calories par kilogramme, il faudra en brûler :

$$\frac{242\,064.60}{11\,000} = 22\,\text{kilogrammes.}$$

et, pour cela, dépenser.

$$22 \times 0^{m3}500 = 11\ \text{mètres cubes}$$

d'air à la pression de $0^{kil}75$.

Si on prend un réservoir à 120 kilogr., comme ceux qui se trouvent à bord des torpilleurs pour l'alimentation des torpilles, il faudra donc que ce réservoir ait une capacité de :

$$\frac{11 \times 0.75}{120} = 0^{m3}068.$$

Résumé des avantages présentés par l'emploi du naphte pour les torpilleurs. — Par tout ce qui précède, on voit avec quelle facilité les torpilleurs pourraient être chauffés au pétrole, et il est facile d'évaluer les avantages considérables qui résulteraient de cette nouvelle disposition.

Ainsi que nous l'avons déjà fait remarquer, on supprimerait le vase clos et on éviterait pour les chauffeurs, non seulement une contrainte morale très pénible, mais encore un véritable danger de tous les instants ; la chauffe serait des plus faciles et se réduirait à une simple surveillance, au lieu d'exiger, comme aujourd'hui, un nombreux personnel instruit et difficile à recruter.

Au point de vue militaire, il est bon de remarquer que le pétrole brûlant sans fumée, le torpilleur ne serait plus trahi de très loin, le jour par le panache de fumée, et la nuit par les étincelles et escarbilles enflammées qui s'échappent de sa cheminée.

Le naphte, ayant une plus grande puissance calorifique que le charbon, permettrait, à poids égal de combustible embarqué, d'aller plus loin. En effet le charbon évaporant dans les torpilleurs 7 litres d'eau et le naphte 12 litres, les chemins parcourus seraient dans le rapport $\frac{12}{7}$, c'est-à-dire que si le torpilleur à charbon parcourait x milles, le torpilleur à pétrole en parcourrait $x \times \frac{12}{7}$.

Nous avons vu aussi qu'à égalité de surface de chauffe, la chaudière à pétrole pouvait vaporiser 20 °/₀ de plus : on pourrait donc construire une chaudière à pétrole qui, à égalité de puissance, serait 20 °/₀ plus légère que la chaudière à charbon : ces dernières pesant actuellement, pour les torpilleurs de 525 chevaux, 8 000 kilogr., environ, on pourrait probablement alléger le navire de 1 600 kilogr., ce qui, pour la même puissance permettrait d'augmenter sensiblement la vitesse.

En dehors de l'intérêt tout particulier que le chauffage au pétrole présente pour les torpilleurs, où il est indispensable de tout sacrifier à la vitesse sous peine d'avoir une arme inutile, il faut remarquer que la combustion du naphte résout d'une façon simple et pratique la question du tirage forcé, auquel les vitesses de plus en plus grandes que l'on demande aux paquebots forcent les constructeurs à recourir.

L'emploi de ce combustible permettrait ainsi de réduire dans de notables proportions les appareils évaporatoires formidables qu'on est obligé d'adopter dès que l'on veut obtenir de grandes vitesses; si à cela on ajoute l'économie de personnel et de place qui en résulterait, on voit qu'il y a là une solution excellente qu'il ne faut pas perdre de vue et qui sera peut-être généralement adoptée dans un avenir prochain.

Cependant, avant de l'aborder d'une façon plus complète, il y a à résoudre la difficulté d'approvisionnement du naphte; la question n'est pas insoluble, et nous croyons même qu'elle est à la veille de recevoir une solution définitive; elle présente d'ailleurs un si grand intérêt et est journellement l'objet de discussions et d'études si importantes, que nous aurons probablement l'occasion d'y revenir.

IMPRIMERIE CHAIX, RUE BERGÈRE, 20, PARIS. — 23105-7.

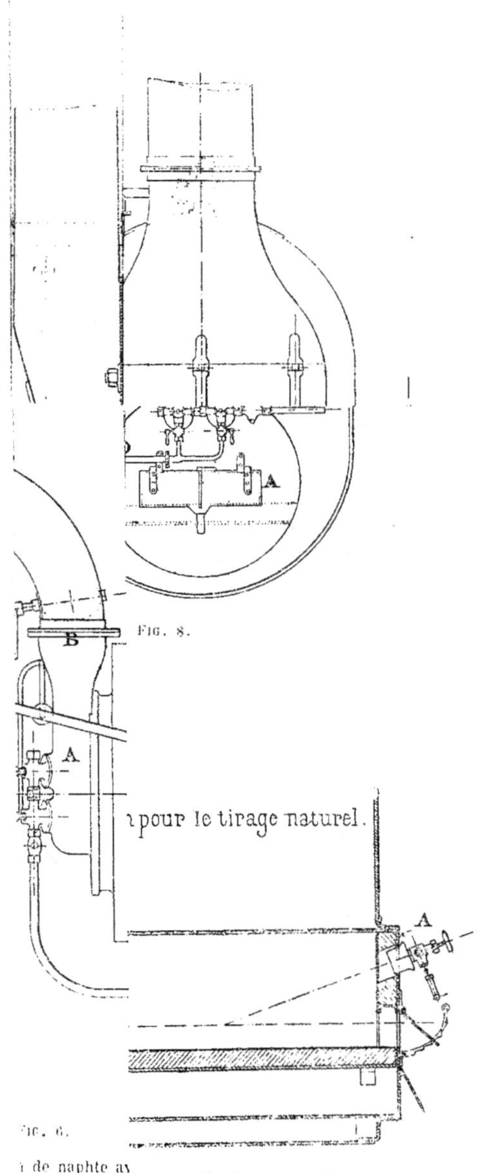

FIG. 8.

FIG. 6.

1 de naphte av[...]
ion pour le tirage naturel.

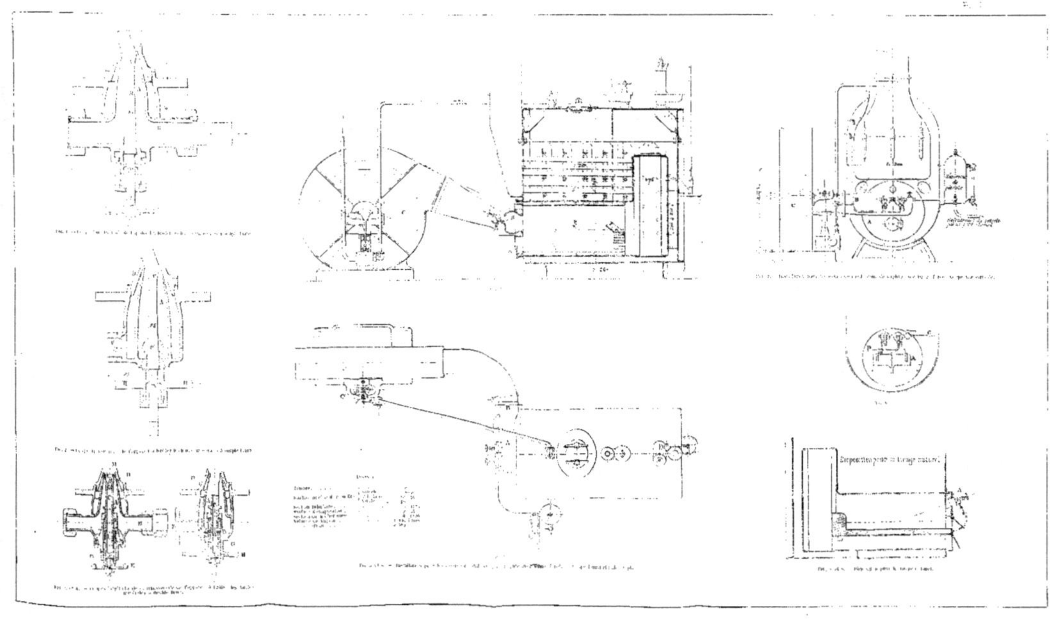

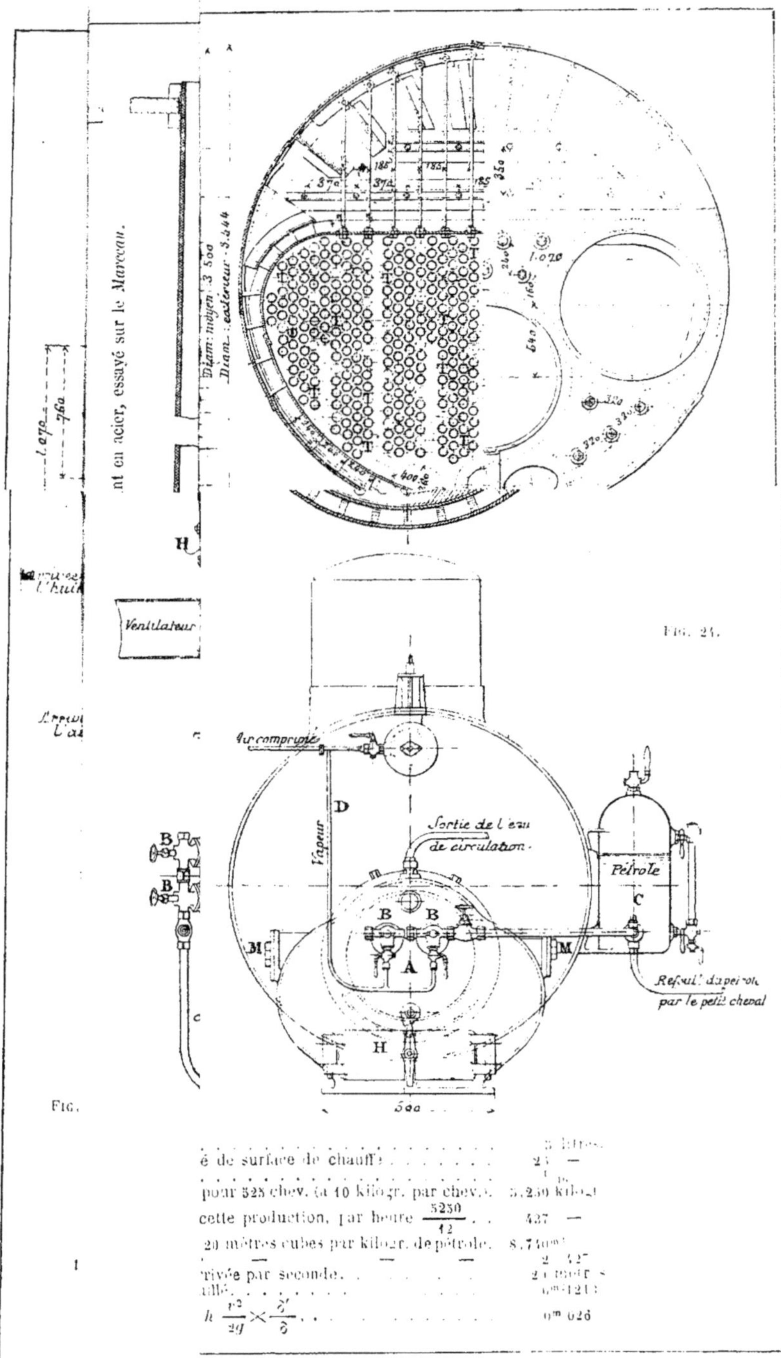

Fig. 24.

é de surface de chauffe . . . . litres.
pour 528 chev. (à 10 kilogr. par chev.). . 5,250 kilogr.
cette production, par heure $\dfrac{5250}{12}$ . . 427 —
20 mètres cubes par kilogr. de pétrole. 8,740 m³
rivée par seconde. . . . .
$h \dfrac{v^2}{2g} \times \dfrac{v'}{\delta}$ 0m 026

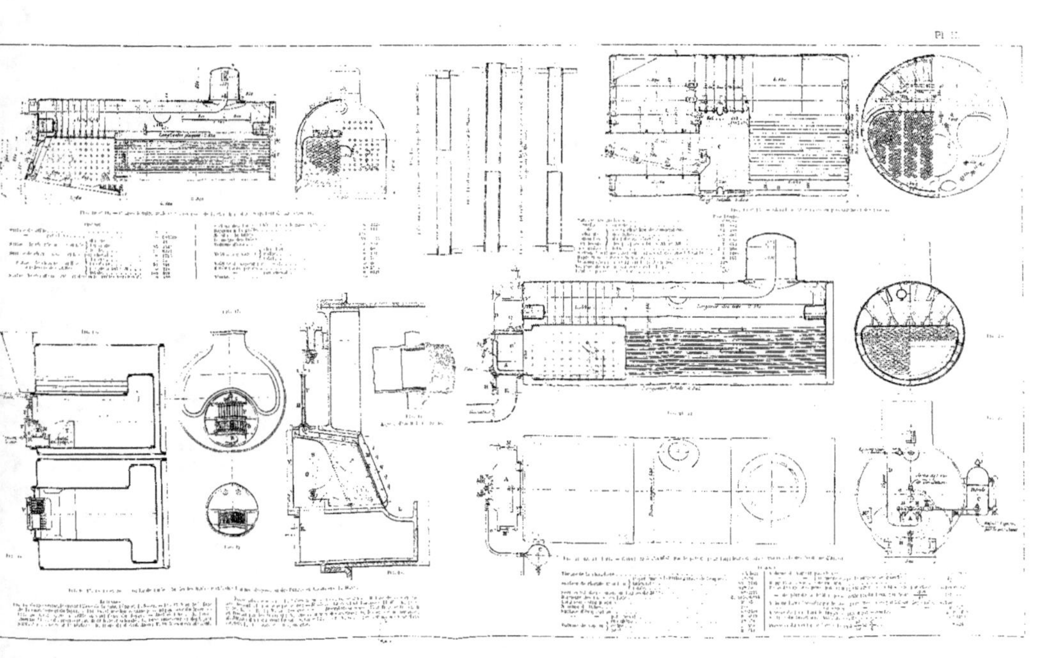

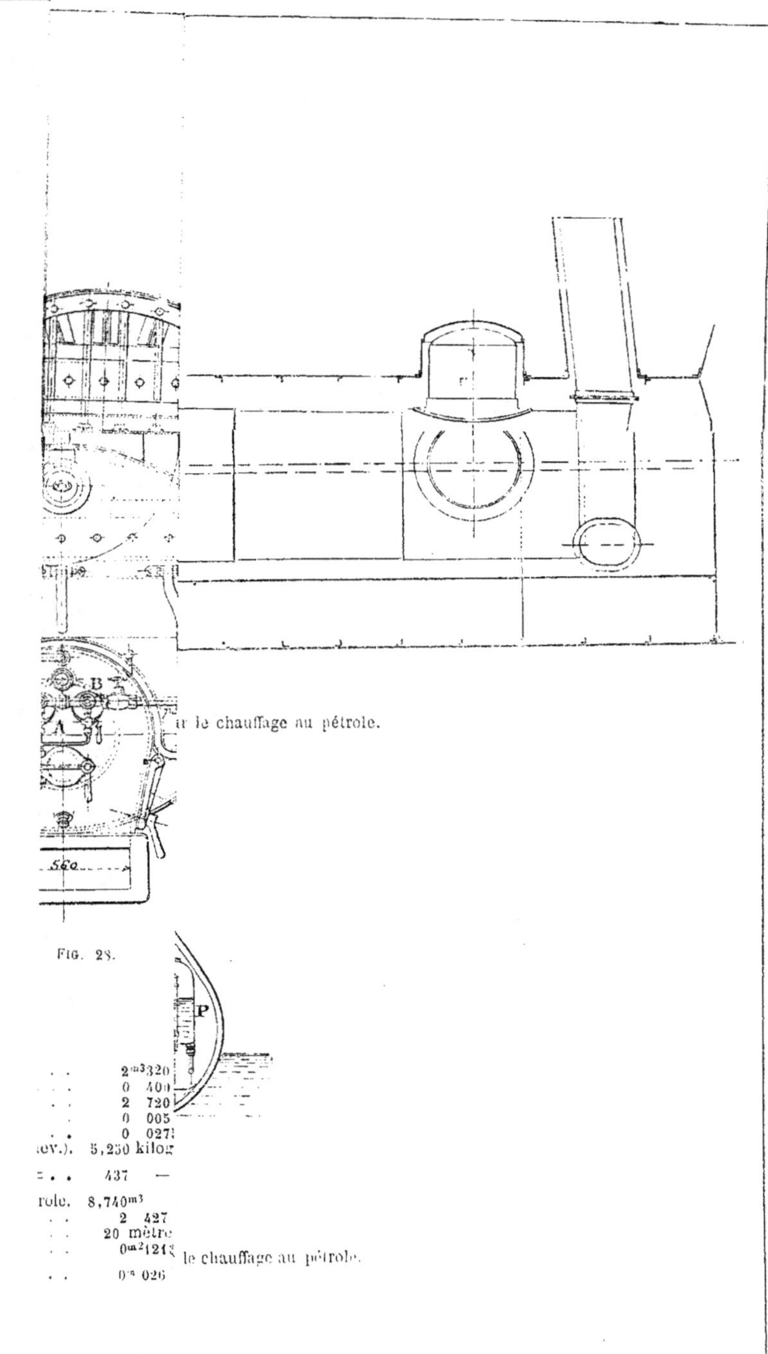
ir le chauffage au pétrole.
FIG. 28.
P
B
560
2ᵐ3320
0 400
2 720
0 005
0 027
(ev.). 5,250 kilog
= 437 —
role. 8,740ᵐ³
2 427
20 mètre
0ᵐ²121
le chauffage au pétrole.
0ᵐ 026

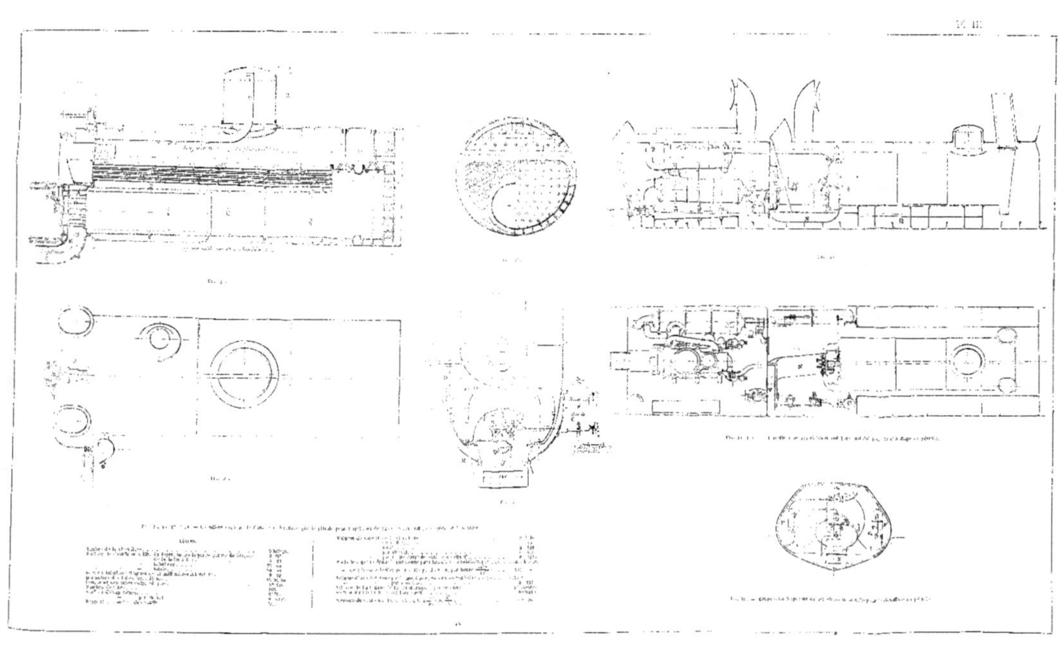